Tulika

मैं क्या बनाऊँ?

AF520062

कहानी **नन्दिनी नायर**

चित्र **प्रोइती राय**

This one is for Ai and *her* Neeraj – NN

Main Kya Banaoon? (Hindi)
ISBN 978-81-8146-269-5

First published in India, 2006
Fifteenth reprint, 2025
design Radhika Menon

Originally in English

Published by
Tulika Publishers, 305 Manickam Avenue, TTK Road, Alwarpet, Chennai 600 018, India
email reachus@tulikabooks.com *website* www.tulikabooks.com

Printed and bound by
Lokavani Southern Printers, Chennai, India

नीरज की माँ रोटी बनाने के लिए आटा गूँध रही थी।
उसने नीरज को खेलने के लिए थोड़ा-सा आटा दिया।

नीरज ने आटे को दबाया।
“मैं क्या बनाऊँ?” उसने कहा।

नीरज ने आटे को अपने हाथों से आगे-पीछे आगे-पीछे बेला और एक लम्बी रस्सी बनाई।
उस रस्सी के एक सिरे पर उसने दो छोटी आँखें बनाईं।
दूसरा सिरा नुकीली पूँछ बना।

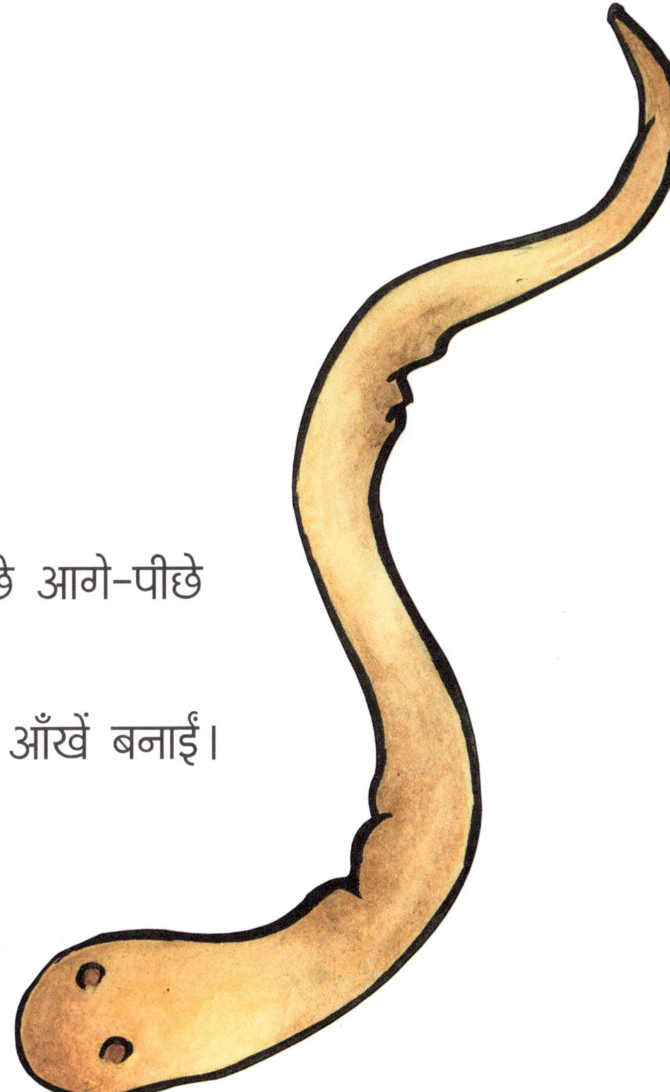

“साँप!

साँप!”

“मुझे काटने वाला है!” नीरज चिल्लाया।

“उसे फिर से लोई बना दो, जल्दी-जल्दी!” माँ ने कहा। नीरज ने जल्दी से साँप को पिचकाकर उसकी लोई बना दी। “अब मैं क्या बनाऊँ?” नीरज बोला।

नीरज ने आटे का एक गोला बनाया।

उसने गोले को थपथपाया, उसमें दो छोटी आँखें और एक नाक बनाई।

एक लम्बी-सी पूँछ बनाई।

"चूहा! चूहा!"

"यह तो पूरे घर में दौड़ेगा!" नीरज चिल्लाया।

“उसे फिर से लोई बना दो, जल्दी-जल्दी!” माँ ने कहा। नीरज ने जल्दी से चूहे को पिचकाकर उसकी लोई बना दी। “अब मैं क्या बनाऊँ?” नीरज बोला।

नीरज ने आटे का एक गोला बनाया।

उसमें से एक छोटा गोला तोड़कर बड़े गोले पर बिठा दिया।

उसमें गोल आँखें और कान बनाए।

एक छोटी-सी नाक और पूँछ बनाई।

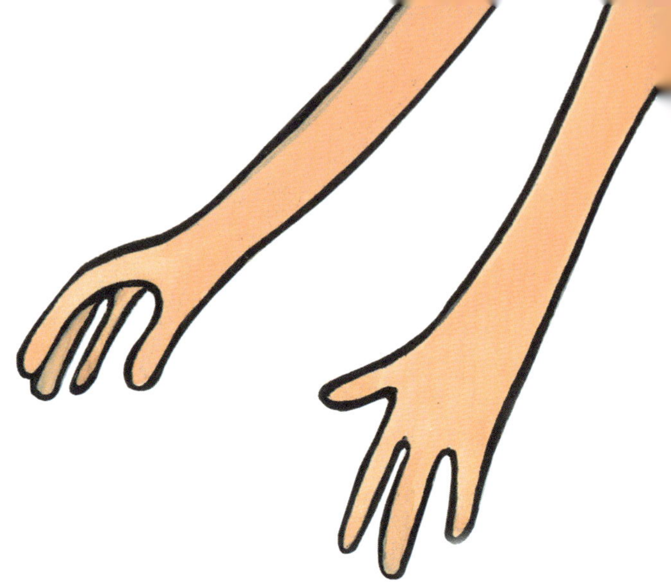

“बिल्ली!
बिल्ली!”

“यह तो सारा दूध पी जाएगी!” नीरज चिल्लाया।

“उसे फिर से लोई बना दो, जल्दी-जल्दी!” माँ ने कहा। “कैसे बनाऊँ?” नीरज बोला। “यह तो **बढ़ती** ही जा रही है!”

"शेर!
शेर!"

"अपना मुँह खोल रहा है! उसके बड़े-बड़े दाँत भी हैं!" नीरज चिल्लाया।

“जल्दी, जल्दी!” माँ ने कहा। “तुम जानते तो हो क्या करना है।” नीरज ने शेर को झपटकर पकड़ा और उसे जल्दी से पिचकाकर उसकी लोई बना दी। गोल-गोल। गोल-गोल।

नीरज ने आटे का एक
नरम-सा गोला बनाया।

फिर उसे दबाकर चपटा किया।
एक छोटा-सा गोलाकार।

नीरज ने उसे बेल-बेलकर बड़ा किया। एक बड़ी गोल चपाती।

माँ ने चपाती को तवे पर डाला।
वह फूल उठी।

गुंधी हुई।

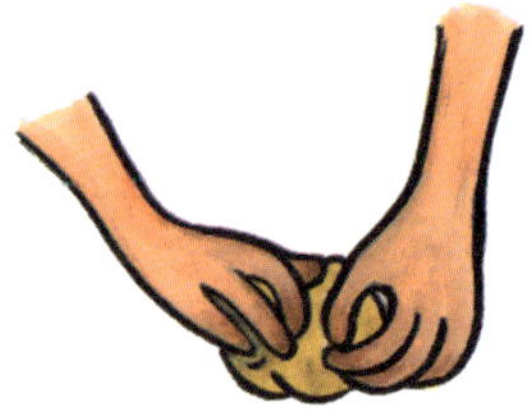

दबाई हुई।

थपथपाई हुई।

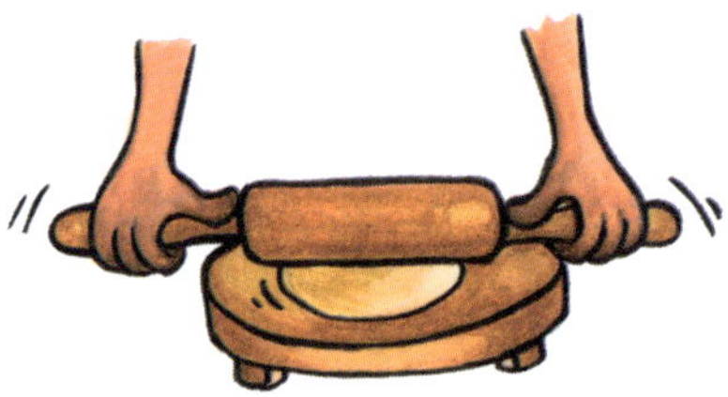

गोल, चपटी बेली हुई।

गरम, हल्की-फुल्की,
फूली हुई।

नीरज ने इतनी अच्छी चपाती पहले कभी नहीं खाई थी!